# GSAT

# 삼성직무적성검사 모의고사

| 제 2 회 | | | |
|---|---|---|---|
| 영 역 | 수리영역, 추리영역 | 문 항 수 | 50문항 |
| 시 간 | 60분 | 비 고 | 객관식 5지 선다형 |

[ 수험자 유의사항 ]

1. 시험시작 1시간 전 모니터링 시스템에 접속해야 응시가 가능합니다.
2. 독립된 공간에서 혼자 응시합니다.
3. 필기구 이외의 다른 물품은 정리합니다.
4. 반려견 소리 등 다른 소음을 자제합니다.
5. 시험시간 내에 자리이탈 및 시험 외 행동은 금지합니다.
6. 부정행위가 적발될 경우에는 최대 5년 간 응시가 제한됩니다.

# 제 2 회 GSAT 삼성직무적성검사

문항수 : 50문항
시 간 : 60분

## 수리영역(20문항 / 30분)

**1.** 점 A, B는 길이가 1cm인 고무줄의 양끝점이고, C는 고무줄 위에 있는 한 점이다. C는 A에서 0.7cm 떨어져 있다고 한다. 이 고무줄을 늘여 3cm로 만들면 C는 A로부터 몇 cm 떨어진 위치에 있게 되는가? (단, 고무줄은 균일하게 늘어난다고 가정한다.)

① 0.7cm
② 1.4cm
③ 2.1cm
④ 2.4cm
⑤ 2.8cm

**2.** 한 학년에 세 반이 있는 학교가 있다. 학생수가 A반은 20명, B반은 30명, C반은 50명이다. 수학 점수 평균이 A반은 70점, B반은 80점, C반은 60점일 때, 이 세 반의 평균은 얼마인가?

① 62
② 64
③ 66
④ 68
⑤ 70

**3.** 홀수 층에서만 정지하는 엘리베이터가 있다. 한 층에서 다음 층까지 이동 시간은 5초이며, 문이 열리고 닫히는 데 3초가 걸린다. 11층에서 내려오기 시작하여 모든 홀수 층에서 정지하고, 1층까지 도착하는 데 걸리는 시간은 몇 초인가?

① 62초
② 65초
③ 68초
④ 72초
⑤ 74초

**4.** 정훈 혼자 30일, 정민 혼자 40일 걸리는 일이 있다. 둘은 공동 작업으로 일을 시작했으나, 중간에 정훈이가 쉬었기 때문에 끝마치는 데 24일이 걸렸다면 정훈이가 쉬었던 기간은?

① 6일
② 12일
③ 15일
④ 17일
⑤ 19일

**5.** 10%의 소금물과 5%의 소금물을 섞어 8%의 소금물 300g을 만들려고 한다. 10%의 소금물과 5%의 소금물의 무게는 각각 얼마만큼씩 필요한가?

| | 10% | 5% |
|---|---|---|
| ① | 190g | 110g |
| ② | 180g | 120g |
| ③ | 170g | 130g |
| ④ | 160g | 140g |
| ⑤ | 150g | 150g |

**6.** 두 가지 메뉴 A, B를 파는 어느 음식점에서 지난주에 두 메뉴를 합하여 1,000명분을 팔았다. 이번 주에는 지난주에 비하여 A 메뉴는 판매량이 5% 감소하고, B 메뉴는 10% 증가하여 전체적으로 4% 증가하였다. 이번 주에 판매된 A 메뉴는 몇 명분인가?

① 360명
② 380명
③ 400명
④ 420명
⑤ 440명

**7.** 규민이 혼자 6일, 영태 혼자 10일에 끝낼 수 있는 일이 있다. 이 일을 규민이와 영태가 함께 며칠 일하면 전체의 80%의 일을 하겠는가?

① 2일
② 3일
③ 4일
④ 5일
⑤ 6일

**8.** 영희는 낮 12시에 약속이 있었지만 전날의 과로로 계속해서 잠을 자게 되었다. 민수가 기다리다가 12시부터 10분마다 전화를 했다면 1시 20분까지는 전화벨이 몇 번 울렸는가?

① 7번
② 9번
③ 11번
④ 13번
⑤ 14번

**9.** 다음의 설문에 대한 응답 결과를 통해 추론할 수 있는 내용으로 가장 타당한 것은?

- 소득이 감소한다면, 소비 지출을 줄이겠습니까?
- 소비 지출을 줄인다면, 어떤 부분부터 줄이겠습니까?

(단위 : %)

※ 기타는 순위에서 제외한다.

| 구분 | | 지출 줄임 | | | | | | 줄일 수 없음 |
|---|---|---|---|---|---|---|---|---|
| | | 주거 관련 비 | 문화 여가 비 | 외식비 | 식음료비 | 통신비 | 기타 | |
| 지역 | 도시 | 5.8 | 20.5 | 15.7 | 7.1 | 4.6 | 26.7 | 19.6 |
| | 농촌 | 8.6 | 12.0 | 18.5 | 4.9 | 3.2 | 18.8 | 34.0 |
| 연령대 | 30대 | 9.9 | 10.4 | 24.9 | 4.2 | 2.1 | 11.9 | 36.6 |
| | 40대 | 5.4 | 20.2 | 15.1 | 7.2 | 4.8 | 30.8 | 16.5 |
| | 50대 | 4.9 | 25.9 | 7.6 | 8.1 | 3.5 | 37.0 | 13.0 |

① 도시 지역과 농촌 지역의 소비 행태는 거의 비슷하다.
② 도시 가구는 소득이 감소하면 주거 관련 비를 가장 많이 줄인다.
③ 50대는 소득이 감소하면 외식비 지출을 줄이려는 경향이 크다.
④ 연령과 지역에 관계없이 소득 감소가 통신비에 미치는 영향은 가장 적다.
⑤ 소득이 감소해도 지출을 줄일 수 없다는 응답이 40대에서 가장 높게 나타났다.

**10.** 다음은 우리나라의 주택 수와 주택 보급률 변화를 나타낸 표이다. 표에 대한 분석으로 적절하지 못한 것은?

| 구분 \ 연도 | | 1985 | 1995 | 2005 | 2015 | 2020 |
|---|---|---|---|---|---|---|
| 주택 수 (천 호) | | 4,360 | 5,319 | 7,357 | 11,472 | 14,120 |
| 주택 보급률 (%) | 전국 | 78.2 | 72.7 | 72.4 | 96.2 | 96.5 |
| | 도시 | 58.8 | 56.6 | 61.1 | 87.8 | 89.6 |

※ 주택 보급률 = 주택 수/일반 가구 수

① 2020년의 전국 일반 가구 수는 1985년의 2배 이상이다.
② 농어촌보다는 도시 지역의 주택난이 더욱 심각하다.
③ 장기적으로 주택의 공급량은 지속적으로 증가해 왔다.
④ 전반적으로 볼 때, 주택 수요에 비해 공급이 부족하다.
⑤ 도시보다 농촌 주택의 가격 상승 가능성이 더 크다.

**11.** 다음은 A 회사의 2010년과 2020년의 출신 지역 및 직급별 임직원 수에 대한 자료이다. 이에 대한 설명으로 옳지 않은 것은?

〈2010년의 출신 지역 및 직급별 임직원 수〉

(단위 : 명)

| 직급＼지역 | 서울 · 경기 | 강원 | 충북 | 충남 | 경북 | 경남 | 전북 | 전남 | 합계 |
|---|---|---|---|---|---|---|---|---|---|
| 이사 | 0 | 0 | 1 | 1 | 0 | 0 | 1 | 1 | 4 |
| 부장 | 0 | 0 | 1 | 0 | 0 | 1 | 1 | 1 | 4 |
| 차장 | 4 | 4 | 3 | 3 | 2 | 1 | 0 | 3 | 20 |
| 과장 | 7 | 0 | 7 | 4 | 4 | 5 | 11 | 6 | 44 |
| 대리 | 7 | 12 | 14 | 12 | 7 | 7 | 5 | 18 | 82 |
| 사원 | 19 | 38 | 41 | 37 | 11 | 12 | 4 | 13 | 175 |
| 합계 | 37 | 54 | 67 | 57 | 24 | 26 | 22 | 42 | 329 |

〈2020년의 출신 지역 및 직급별 임직원 수〉

(단위 : 명)

| 직급＼지역 | 서울 · 경기 | 강원 | 충북 | 충남 | 경북 | 경남 | 전북 | 전남 | 합계 |
|---|---|---|---|---|---|---|---|---|---|
| 이사 | 3 | 0 | 1 | 1 | 0 | 0 | 1 | 2 | 8 |
| 부장 | 0 | 0 | 2 | 0 | 0 | 1 | 1 | 0 | 4 |
| 차장 | 3 | 4 | 3 | 4 | 2 | 1 | 1 | 2 | 20 |
| 과장 | 8 | 1 | 14 | 7 | 6 | 7 | 18 | 14 | 75 |
| 대리 | 10 | 14 | 13 | 13 | 7 | 6 | 2 | 12 | 77 |
| 사원 | 12 | 35 | 38 | 31 | 8 | 11 | 2 | 11 | 148 |
| 합계 | 36 | 54 | 71 | 56 | 23 | 26 | 25 | 41 | 332 |

① 출신 지역을 고려하지 않을 때, 2010년 대비 2020년에 직급별 인원의 증가율은 이사 직급에서 가장 크다.

② 출신 지역별로 비교할 때, 2020년의 경우 해당 지역 출신 임직원 중 과장의 비율은 전라북도가 가장 높다.

③ 2010년에 비해 2020년에 과장의 수는 증가하였다.

④ 2010년에 비해 2020년에 대리의 수가 늘어난 출신 지역은 대리의 수가 줄어든 출신 지역에 비해 많다.

⑤ 2010년에 비해 2020년에 사원의 수가 늘어난 출신 지역은 없다.

**12.** 다음은 어떤 지역의 연령층 · 지지 정당별 사형제 찬반에 대한 설문조사 결과이다. 이에 대한 설명 중 옳은 것을 고르면?

(단위 : 명)

| 연령층 | 지지정당 | 사형제에 대한 태도 | 빈도 |
|---|---|---|---|
| 청년층 | A | 찬성 | 90 |
| | | 반대 | 10 |
| | B | 찬성 | 60 |
| | | 반대 | 40 |
| 장년층 | A | 찬성 | 60 |
| | | 반대 | 10 |
| | B | 찬성 | 15 |
| | | 반대 | 15 |

㉠ 청년층은 장년층보다 사형제에 반대하는 사람의 수가 적다.
㉡ B당 지지자의 경우, 청년층은 장년층보다 사형제 반대 비율이 높다.
㉢ A당 지지자의 사형제 찬성 비율은 B당 지지자의 사형제 찬성 비율보다 높다.
㉣ 사형제 찬성 비율의 지지 정당별 차이는 청년층보다 장년층에서 더 크다.

① ㉠㉡
② ㉠㉣
③ ㉡㉢
④ ㉡㉣
⑤ ㉢㉣

**[13 ~ 14] 다음은 A, B, C 대학 졸업생들 중 국내 대기업 (가), (나), (다), (라)에 지원한 사람의 비율을 나타낸 것이다. 물음에 답하시오. (단, ( )안은 지원자 중 취업한 사람의 비율을 나타낸다.)**

| 학교 \ 그룹 | (가) 그룹 | (나) 그룹 | (다) 그룹 | (라) 그룹 | 취업 희망자수 |
|---|---|---|---|---|---|
| A 대학 | 60% (50%) | 15% (80%) | ㉠% (60%) | 5% (90%) | 800명 |
| B 대학 | 55% (40%) | 20% (65%) | 12% (75%) | 13% (90%) | 700명 |
| C 대학 | 75% (65%) | 10% (70%) | 4% (90%) | 11% (㉡%) | 400명 |

**13.** 다음 중 ㉠에 해당하는 수는?

① 15%
② 20%
③ 30%
④ 35%
⑤ 42%

**14.** C 대학 졸업생 중 (라)그룹에 지원하여 취업한 사람이 모두 30명이라 할 때 ㉡에 알맞은 수는?

① 24%
② 30%
③ 45%
④ 68%
⑤ 72%

**15.** 다음은 중학생의 주당 운동시간에 관한 자료이다. 다음 중 주당 운동시간이 3시간 미만의 1학년 인원수와 3시간 이상의 3학년 인원수로 짝지어진 것은?

(단위 : %, 명)

| 구분 | | 1학년 | 2학년 | 3학년 |
|---|---|---|---|---|
| 1시간 미만 | 비율 | 10.0 | 5.7 | 7.6 |
| | 인원수 | 118 | 66 | 87 |
| 1시간 이상 2시간 미만 | 비율 | 22.2 | 20.4 | 19.7 |
| | 인원수 | 261 | 235 | 224 |
| 2시간 이상 3시간 미만 | 비율 | 21.8 | 20.9 | 24.1 |
| | 인원수 | 256 | 241 | 274 |
| 3시간 이상 4시간 미만 | 비율 | 34.8 | 34.0 | 23.4 |
| | 인원수 | 409 | 392 | 266 |
| 4시간 이상 | 비율 | 11.2 | 19.0 | 25.2 |
| | 인원수 | 132 | 219 | 287 |
| 합계 | 비율 | 100.0 | 100.0 | 100.0 |
| | 인원수 | 1,176 | 1,153 | 1,138 |

| | 3시간 미만의 1학년 인원수 | 3시간 이상의 3학년 인원수 |
|---|---|---|
| ① | 635 | 553 |
| ② | 548 | 514 |
| ③ | 517 | 498 |
| ④ | 492 | 468 |
| ⑤ | 453 | 412 |

[16 ~ 17] 다음은 교육복지지원 정책사업 내 단위사업 세출 결산 현황을 나타낸 표이다. 물음에 답하시오.

(단위 : 백만 원)

| 단위사업명 | 2020 | 2019 | 2018 |
|---|---|---|---|
| | 결산액 | 결산액 | 결산액 |
| 총계 | 5,016,557 | 3,228,077 | 2,321,263 |
| 학비 지원 | 455,516 | 877,020 | 1,070,530 |
| 방과후교육 지원 | 636,291 | – | – |
| 급식비 지원 | 647,314 | 665,984 | 592,300 |
| 정보화 지원 | 61,814 | 64,504 | 62,318 |
| 농어촌학교 교육여건 개선 | 110,753 | 71,211 | 77,334 |
| 교육복지우선 지원 | 157,598 | 188,214 | 199,019 |
| 누리과정 지원 | 2,639,752 | 989,116 | – |
| 교과서 지원 | 307,519 | 288,405 | 260,218 |
| 학력격차해소 | – | 83,622 | 59,544 |

**16.** 2019년 대비 2020년의 급식비 지원 증감률로 옳은 것은? (단, 소수 둘째 자리에서 반올림한다)

① −2.8%

② −1.4%

③ 2.8%

④ 10.5%

⑤ 12.4%

**17.** 다음 중 2020년 대비 2019년의 증감률이 가장 높은 단위사업으로 옳은 것은?

① 학비 지원

② 정보화 지원

③ 농어촌학교 교육여건 개선

④ 교과서 지원

⑤ 학력격차해소

**18.** 한 달 전화 요금이 다음 표와 같은 A, B 두 요금제가 있다. B 요금제가 더 유리하려면 한 달에 최소 몇 통화를 사용해야 하는가?

| 요금제 | 기본요금 | 한 통화당 추가요금 |
|---|---|---|
| A | 18,000(기본 50통화) | 25원(50통화 초과 시) |
| B | 40,000원 | 없음 |

① 880통화　　② 881통화

③ 930통화　　④ 931통화

⑤ 1000통화

[19 ~ 20] 다음은 2019년 분야별 상담 건수 현황에 관한 표이다. 물음에 답하시오.

| 구분 | 개인정보 | 스팸 | 해킹·바이러스 | 인터넷일반 | 인터넷주소 | KISA 사업문의 | 기타 | 합계 |
|---|---|---|---|---|---|---|---|---|
| 1월 | 16,279 | 9,515 | 13,195 | 438 | 219 | 5,462 | 14,238 | 59,346 |
| 2월 | 11,489 | 9,443 | 7,029 | 379 | 226 | 3,494 | 13,047 | 45,107 |
| 3월 | 12,839 | 10,461 | 9,571 | 437 | 256 | 4,338 | 13,099 | 51,001 |
| 4월 | 11,353 | 12,156 | 12,973 | 592 | 227 | 2,858 | 12,514 | 52,673 |
| 5월 | 10,307 | 12,408 | 14,178 | 476 | 182 | 2,678 | 10,697 | 50,926 |
| 6월 | 10,580 | 12,963 | 10,102 | 380 | 199 | 2,826 | 12,170 | 49,220 |
| 7월 | 13,635 | 12,905 | 7,630 | 393 | 201 | 3,120 | 13,001 | 50,875 |
| 8월 | 15,114 | 9,782 | 9,761 | 487 | 175 | 3,113 | 11,128 | 49,560 |

**19.** 위의 표에 대한 설명으로 옳지 않은 것은?

① 스팸에 관한 상담 건수는 매월 증가하였다.

② 5월에 가장 많은 상담 건수를 차지한 것은 해킹·바이러스이다.

③ 6월에 인터넷주소 상담 건수 비율은 0.4%이다.

④ 7월에 KISA 사업문의는 294건 증가하였다.

⑤ 8월에 개인정보에 관한 상담 건수 비율이 30.50%로 가장 많았다.

**20.** 8월의 분야별 상담 건수의 비율로 적절하지 않은 것은?

① 스팸 : 19.74%　　② 해킹·바이러스 : 19.70%

③ 인터넷일반 : 1.3%　　④ 인터넷주소 : 0.35%

⑤ KISA 사업문의 : 6.28%

## 추리영역(30문항 / 30분)

[21 ~ 22] 다음 짝지어진 단어 사이의 관계가 나머지와 다른 하나를 고르시오.

**21.**

① 동양화 – 민화 – 인물화
② 희곡 – 희극 – 비극
③ 전서 – 예서 – 초서
④ 사자 – 토끼 – 낙타
⑤ 치마 – 외투 – 바지

**22.**

① 손 – 팔꿈치 – 팔
② 바퀴 – 백미러 – 자동차
③ 다이얼버튼 – 송수화기 – 전화기
④ 뿌리 – 나뭇잎 – 나무
⑤ 도라지 – 더덕 – 칡

[23 ~ 25] 제시된 단어와 같은 관계가 되도록 빈칸에 들어갈 가장 적절한 단어를 고르시오.

**23.**

| 통합 : 합병 = 애도 : (　　) |
|---|

① 애국　　② 장애
③ 애상　　④ 불만
⑤ 상념

**24.**

| 점원 : 자판기 = 증명 : (　　) |
|---|

① 논증　　② 민원
③ 유추　　④ 공리
⑤ 선의

**25.**

| 차가운 : 빙하 = 깊은 : (　　) |
|---|

① 해륙　　② 해령
③ 해초　　④ 해저
⑤ 해안

**26.** A ~ G 7명이 저녁 회식을 마치고, 신도림역에서 모두 지하철 1호선 또는 2호선을 타고 귀가하였다. 그런데 이들이 귀가하는데 다음과 같은 조건을 따랐다고 할 때, A가 1호선을 이용하지 않았다면, 다음 중 가능하지 않은 것은?

- 1호선을 이용한 사람은 많아야 3명이다.
- A는 D와 같은 호선을 이용하지 않았다.
- F는 G와 같은 호선을 이용하지 않았다.
- B와 D는 같은 호선을 이용하였다.

① B는 지하철 1호선을 탔다.
② C는 지하철 2호선을 탔다.
③ E는 지하철 1호선을 탔다.
④ F는 지하철 1호선을 탔다.
⑤ A는 지하철 2호선을 탔다.

**27.** 갑, 을, 병, 정이 있다. 각각의 위치가 다음과 같을 때 반드시 참인 것은?

- 갑은 을의 앞에 있다.
- 병은 갑의 뒤에 있다.
- 정은 을 뒤에 있다.

① 정은 가장 뒤에 있다.
② 병은 정 앞에 있다.
③ 을은 병보다 앞에 있다.
④ 갑이 가장 앞에 있다.
⑤ 갑은 정 뒤에 있다.

[28 ~ 30] 다음의 사실이 전부 참일 때 항상 참인 것을 고르시오.

## 28.

- 사과를 좋아하는 어린이는 수박도 좋아한다.
- 배를 좋아하지 않는 어린이는 수박도 좋아하지 않는다.
- 귤을 좋아하지 않는 어린이는 배도 좋아하지 않는다.

① 사과를 좋아하는 어린이는 배를 싫어한다.
② 사과를 좋아하는 어린이는 배도 좋아한다.
③ 수박을 좋아하지 않는 어린이는 배를 좋아하지 않는다.
④ 배를 좋아하지 않는 어린이는 귤을 좋아하지 않는다.
⑤ 수박을 좋아하는 어린이는 귤을 좋아하지 않는다.

## 29.

- 장딴지가 굵은 사람은 축구선수이다.
- 반바지를 입는 사람 중에서는 더위를 잘 타는 사람이 있다.
- 어떤 축구선수는 더위를 잘 타지 않는다.
- 축구선수들은 모두 반바지를 입는다.

① 장딴지가 굵지 않은 축구선수는 반바지를 입지 않는다.
② 더위를 잘 타지 않는 축구선수는 반바지를 입지 않는다.
③ 더위를 잘 타는 사람은 축구선수가 아니다.
④ 더위를 잘 타는 축구선수가 있다.
⑤ 축구선수 중에 더위를 잘 타지 않는 사람은 없다.

## 30.

- A ~ E 5명의 입사성적를 비교하면 A의 순번 뒤에는 2명이 있다.
- D의 순번 바로 앞에는 B가 있다.
- E의 앞에는 2명 이상의 사람이 있고 C보다는 앞이었다.

① 입사성적이 동점인 사람이 있다.
② 입사성적인 두 번째로 높은 사람은 D가 된다.
③ A는 B보다 입사성적이 좋다.
④ D는 입사성적이 가장 낮다.
⑤ C는 A보다 입사성적이 좋다.

[31 ~ 32] 다음 밑줄 친 부분에 들어갈 알맞은 것을 고르시오.

## 31.

- 어떤 창의적인 사람은 융통성이 없다.
- 어떤 우유부단한 사람은 융통성이 없다.
- 창의적인 사람은 우유부단하지 않다.
- 그러므로 ______________________

① 융통성이 없는 사람은 창의적이거나 우유부단하다.
② 창의적이지 않은 사람은 우유부단하다.
③ 창의적이면서 동시에 우유부단한 사람은 없다.
④ 우유부단한 사람은 모두 융통성이 없다.
⑤ 우유부단하지 않은 사람은 창의적이다.

## 32.

- 적극적인 사람은 인기가 많다.
- 운동을 잘 하는 사람은 적극적이다.
- 은우는 운동을 잘 한다.
- 그러므로 ______________________

① 운동을 잘하는 사람은 성적이 좋지 않다.
② 은우는 소극적인 성격을 가지고 있다.
③ 은우는 적극적이며 인기가 많다.
④ 운동을 잘하는 사람은 인기가 없다.
⑤ 운동을 잘하면서 적극적이지 않은 사람은 인기가 없다.

**33.** 다음과 같이 구름다리로 연결된 건물 외벽을 빨간색, 노란색, 초록색, 파란색, 보라색으로 칠하려고 한다. 건물을 칠하는 것에 아래와 같은 조건이 있을 때 옳지 않은 것은?

〈건물 구조〉

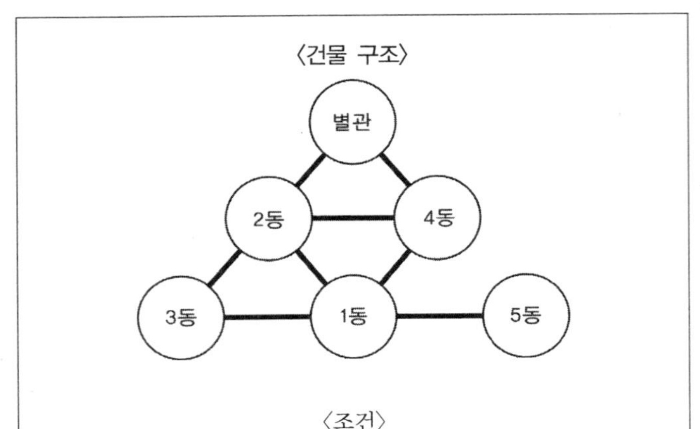


〈조건〉

㉠ 1동은 빨간색으로 칠한다.
㉡ 3동과 별관은 보라색으로 칠한다.
㉢ 구름다리로 연결된 두 동은 같은 색을 칠할 수 없다.
㉣ 파란색과 보라색은 구름다리로 연결된 동끼리 사용할 수 없다.
㉤ 5개의 색이 모두 사용되어야 할 필요는 없다.

① 2동이 노란색이면 4동은 초록색이다.
② 5동은 빨간색 이외의 모든 색을 칠할 수 있다.
③ 가능한 방법은 총 8가지이다.
④ 3개의 색을 사용해서 건물을 칠할 수 있다.
⑤ 2동이나 4동은 빨간색으로 할 수 없다.

**[34 ~ 35] 주어진 결론을 반드시 참으로 하는 전제를 고르시오.**

**34.**

전제1 : 어떤 사자는 영어를 잘한다.
전제2 : 어떤 호랑이는 영어를 잘한다.
전제3 : ______________________________
결론 : 어떤 호랑이는 영어와 수학을 모두 잘한다.

① 영어를 잘하면 사자이다.
② 수학을 잘하는 사자가 있다.
③ 모든 사자는 수학을 잘한다.
④ 어떤 호랑이는 수학을 잘한다.
⑤ 모든 호랑이는 수학을 잘한다.

**35.**

전제1 : 미술을 좋아하는 사람은 상상력이 풍부하다.
전제2 : 키가 작은 사람은 창의적이다.
전제3 : ______________________________
결론 : 상상력이 풍부하지 않은 사람은 예술적이지 않다.

① 창의적인 사람은 상상력이 풍부하다.
② 미술을 좋아하는 사람은 창의적이지 않다.
③ 상상력이 풍부한 사람은 예술적이다.
④ 예술적인 사람은 미술을 좋아한다.
⑤ 예술적인 사람은 키가 작다.

**36.** 다음은 그림은 복도를 사이에 두고 1001 ~ 1003호, 1004 ~ 1007호의 7개 방이 엘리베이터의 양쪽에 늘어서 있는 것을 나타낸 것이다. A ~ G 7명이 다음과 같이 각 호에 1명씩 투숙하고 있다고 할 때 1006호에 묵고 있는 사람은 누구인가?

| 1001 | 1002 | 1003 | – | 엘리베이터 |
|---|---|---|---|---|
| | | | | |
| 1004 | 1005 | 1006 | 1007 | |

• B의 방 맞은편에는 D의 방이 있다.
• C의 방 양 옆으로 A, G가 묵고 있다.
• F의 양 옆에는 D, E가 묵고 있다.
• G는 엘리베이터와 가장 가깝다.

① B
② C
③ D
④ E
⑤ F

**37.** A, B, C, D, E, F, G, H 8명이 수영대회 결승전에 진출하였다. 다음 조건을 모두 고려하였을 때, 항상 참인 것을 고르면?

- 8명 중 순위가 동일한 선수는 없다.
- H는 C보다 먼저 골인하였으나, F보다는 늦게 골인하였다.
- B에 이어 바로 E가 골인하였으며, E와 F 사이에 세 사람이 골인하였다.
- C는 B보다 늦게 골인하였고, B는 F보다 빨리 골인하였으며, A의 순위는 3위가 아니었다.

① A의 순위는 4위이다.

② H보다 늦게 골인한 사람은 2명이다.

③ D의 순위는 최소한 5위이다.

④ G는 3위가 될 수 없다.

⑤ C는 E보다 먼저 도착하였다.

**38.** A조의 갑, 을, 병, 정과 B조의 무, 기, 경, 신이 어느 법령에 대한 찬반토론을 하고 있다. 8명 중 4명은 찬성, 4명은 반대한다. 이들의 찬반 성향이 다음과 같을 때 반드시 참인 것은?

- 무와 기 중 적어도 한 사람은 반대한다.
- 을이 찬성하면 병과 정은 반대한다.
- 기와 경의 의견은 언제나 같다.
- 을이 찬성하면 기와 경도 찬성하고, 기와 경이 모두 찬성하면 을도 찬성한다.
- 신이 찬성하면 갑도 찬성하고, 신이 반대하면 무도 반대한다.

① 을이 찬성하면 갑은 찬성한다.

② 을이 찬성하면 무는 찬성한다.

③ 을이 찬성하면 신은 찬성한다.

④ 을이 반대하면 갑은 반대한다.

⑤ 신이 반대하면 갑도 반대한다.

**39.** 재오, 상원, 기찬, 미란, 장미, 민정 여섯 명이 심부름을 가는 사람을 정하는데 다음의 조건을 모두 지켜야 한다. 심부름을 할 사람을 바르게 짝지은 것은?

㉠ 재오와 기찬이가 심부름을 가면 미란이도 심부름을 간다.
㉡ 미란이와 장미 중 한 명이라도 심부름을 가면 민정이도 심부름을 간다.
㉢ 민정이가 심부름을 가면 기찬이와 상원이도 심부름을 간다.
㉣ 상원이가 심부름을 가면 민정이는 심부름을 가지 않는다.
㉤ 기찬이가 심부름을 가면 민정이도 심부름을 간다.

① 재오, 상원　　② 재오, 기찬

③ 상원, 장미　　④ 기찬, 민정

⑤ 장미, 기찬

**40.** 갑, 을, 병, 정의 네 나라에 대한 다음의 조건으로부터 추론할 수 있는 것은?

㉠ 이들 나라는 시대 순으로 연이어 존재했다.
㉡ 네 나라의 수도는 각각 달랐는데 관주, 금주, 평주, 한주 중 어느 하나였다.
㉢ 한주가 수도인 나라는 평주가 수도인 나라의 바로 전 시기에 있었다.
㉣ 금주가 수도인 나라는 관주가 수도인 나라의 바로 다음 시기에 있었으나, 정보다는 이전 시기에 있었다.
㉤ 병은 가장 먼저 있었던 나라는 아니지만, 갑보다는 이전 시기에 있었다.
㉥ 병과 정은 시대 순으로 볼 때 연이어 존재하지 않았다.

① 금주는 갑의 수도이다.

② 관주는 병의 수도이다.

③ 평주는 정의 수도이다.

④ 을은 갑의 다음 시기에 존재하였다.

⑤ 을과 병은 연이어 존재하지 않았다.

**41.** 거짓만을 말하는 사람들이 사는 나라 A와 참만을 말하는 사람들이 사는 나라 B가 있다고 가정할 때, 다음 사람들 중에서 B국 사람은 누구인가? (단, B국 사람은 한 명이다)

> • 갑 : 을이 하는 말은 모조리 사실이야. 믿을 수 있어.
> • 을 : 나는 태어나서 거짓말을 해본 적이 한 번도 없어.
> • 병 : 너 지금 거짓말 하고 있어, 을.
> • 정 : 병, 너야말로 지금 거짓말 하고 있잖아.

① 갑 ② 을
③ 병 ④ 정
⑤ 없다.

**42.** J회사에서 신제품 음료에 대한 블라인드 테스트를 진행하였다. 테스트에 응한 직원 30명은 음료 A, B, C에 대해 1 ~ 3순위를 부여하였는데 그에 대한 결과가 다음과 같을 때, C에 3순위를 부여한 사람의 수는? (단, 두 개 이상의 제품에 같은 순위를 부여할 수 없다)

> ㉠ A를 B보다 선호하는 사람은 18명이다.
> ㉡ B를 C보다 선호하는 사람은 25명이다.
> ㉢ C를 A보다 선호하는 사람은 10명이다.
> ㉣ C에 1순위를 부여한 사람은 없다.

① 12명 ② 13명
③ 14명 ④ 15명
⑤ 16명

**43.** '총기허가증이 없으면, 사냥총을 사용할 수 없다.'는 규칙이 잘 지켜지고 있는지를 알아내기 위해 꼭 조사해야 하는 두 사람을 고르면?

> • 갑 : 총기허가증이 없음, 사냥총 사용 여부를 알지 못함
> • 을 : 총기허가증이 있는지 알 수 없음, 사냥총을 사용하고 있음
> • 병 : 총기허가증이 있는지 알 수 없음, 사냥총을 사용하고 있지 않음
> • 정 : 총기허가증이 있음, 사냥총 사용 여부를 알지 못함

① 갑, 을 ② 갑, 병
③ 을, 병 ④ 을, 정
⑤ 갑, 정

**[44 ~ 45] 다음 주어진 도형들의 일정한 규칙을 찾아, '?'에 들어갈 알맞은 도형을 고르시오.**

**44.**

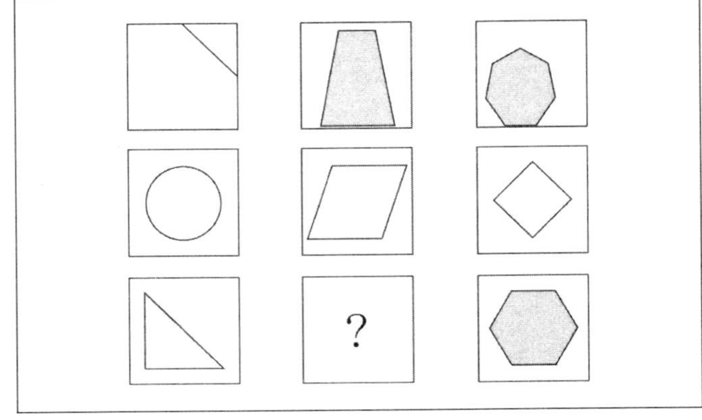


① 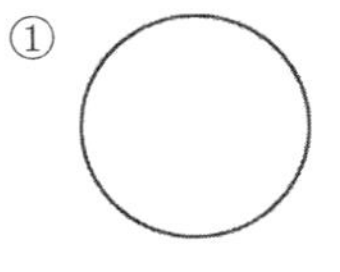

② 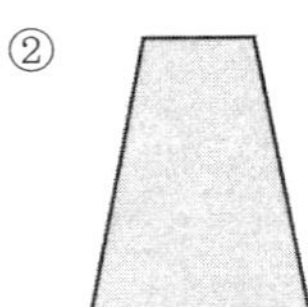

③ 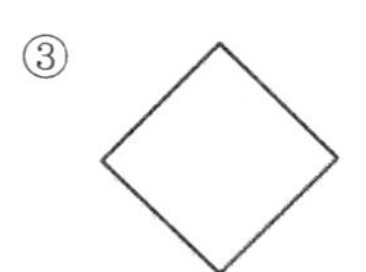

④ 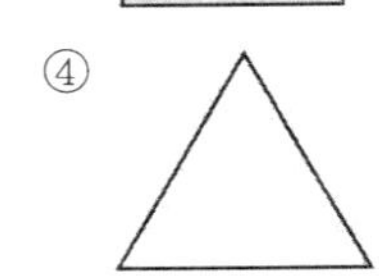

⑤ 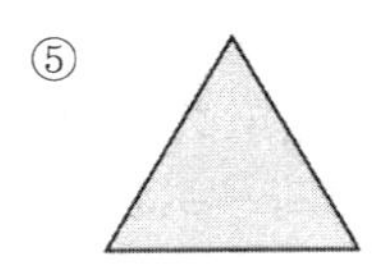

**45.**

| ㄱ | F | ㄹ |
|---|---|---|
| B | G | K |
| X | ㅂ | ㅁ |

| ㄴ | H | ㅁ |
|---|---|---|
| D | I | M |
| Z | ㅅ | ㅂ |

| ㄷ | J | ㅂ |
|---|---|---|
| F | K | O |
| B | ㅇ | ㅅ |

?

①

| ㄹ | L | ㅅ |
|---|---|---|
| H | M | Q |
| D | ㅈ | ㅇ |

②

| ㄹ | L | ㅅ |
|---|---|---|
| H | L | W |
| D | ㅈ | ㅇ |

③

| ㅁ | L | ㅂ |
|---|---|---|
| H | K | Q |
| D | ㅅ | ㅇ |

④

| ㅁ | L | ㅅ |
|---|---|---|
| H | L | Q |
| D | ㅈ | ㅇ |

⑤

| ㄹ | L | ㅅ |
|---|---|---|
| H | K | W |
| V | ㅊ | ㅇ |

[46 ~ 48] 다음 제시된 도식 기호들(◓, ◤, ◎, ⊙)은 일정한 규칙에 따라 문자들을 변화시킨다. 괄호 안에 들어갈 알맞은 문자를 고르시오.

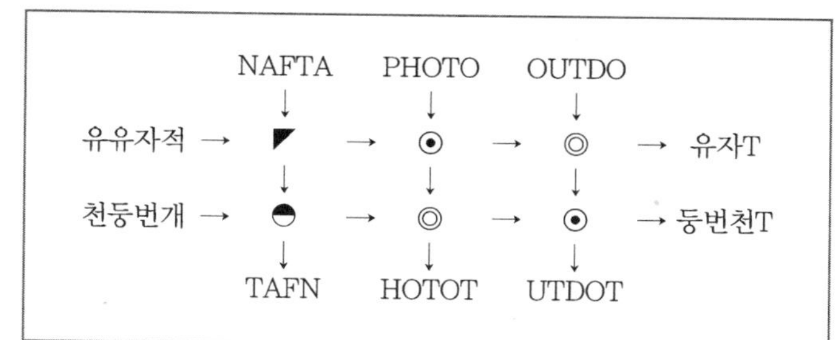


## 46.

삐뚤어질테다 → ⊙ → ◓ → (    )

① T뚤어질테다삐
② 뚤어질테다T
③ 삐뚤어질테다T
④ 뚤어질테다삐T
⑤ 어질테다삐뚤T

## 47.

ANSWER → ◎ → ◤ → ◓ → (    )

① ANSWERT
② NSWERT
③ ANSWET
④ ESWN
⑤ NSERW

## 48.

CHAPTER → ◓ → ⊙ → ◤ → ◎ → (    )

① CHAPTERT
② RCHAPTE
③ HAPTERC
④ HAPTEC
⑤ APTERC

[49 ~ 50] 다음에 제시된 예를 보고 $와 !에 들어갈 도형으로 옳은 것을 고르시오.

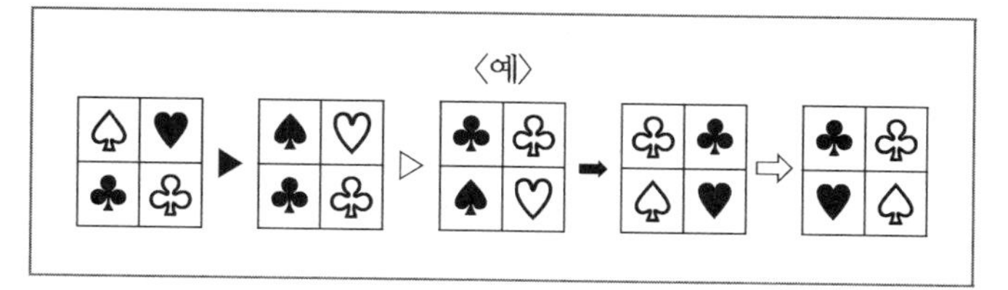


## 49.

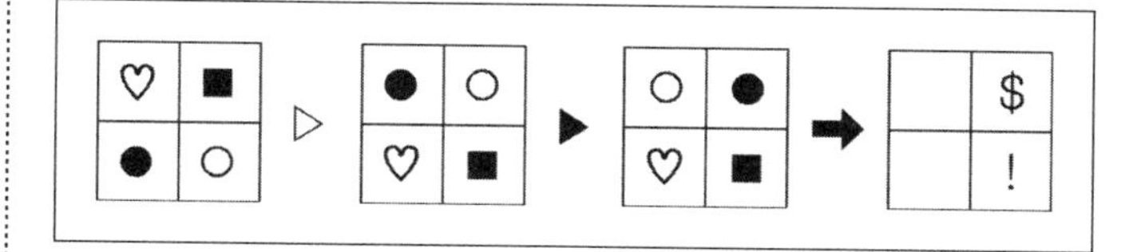


① ♡ ○
② ♥ ■
③ ● □
④ ○ □
⑤ ♡ ●

## 50.

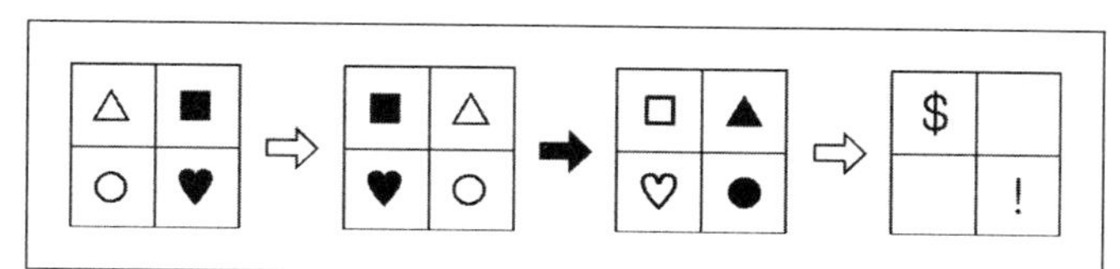


① △ ■
② ○ ♥
③ ▲ ♡
④ □ ♡
⑤ ○ ♡

서원각
www.goseowon.com

# study planner

a road to success,

seowongak

사람을 강하게 만드는 것은 사람이 하는 일이 아니라 하고자 노력하는 것이다.

어니스트 헤밍웨이